Klaus Baumgart, Jahrgang 1951, studierte Visuelle Kommunikation an der Hochschule der Künste (Abschluss als Diplom-Grafik-Designer). Mit Frau und Tochter lebt er in Berlin, wo er viele Jahre als Art Director in einer Werbeagentur arbeitete. Mit weltweit mehr als einer Million verkaufter Bilderbücher hat sich der Autor und Illustrator an die Spitze deutscher Bilderbuchmacher gesetzt. Im Oktober 1996 erschienen, ist „Lauras Stern" mittlerweile in 23 Sprachen übersetzt, die Weltauflage liegt bei rund 600 000 Exemplaren. Auch die Nachfolgetitel „Lauras Weihnachtsstern" und „Lauras Sternenreise" wurden bereits in mehrere Sprachen übersetzt.

Klaus Baumgart erhielt zahlreiche Auszeichnungen und Preise, unter anderem 1986 den 1. Preis „Plakatwettbewerb des Deutschen Buchhandels", 1990 „Ehrenliste Österreichischer Kinder- und Jugendbuchpreis" für „Ungeheuerlich" sowie 1992 für „Ertappt". 1994 folgte die Auszeichnung „Das goldene Buch" für „Ungeheuerlich". 1999 wurde Klaus Baumgart als erster deutscher Autor in England für den „Children's Book Award" nominiert. „Laura's Star" wurde von den Kindern unter ihre drei Bilderbuch-Favoriten gewählt.

Von Klaus Baumgart ist im Baumhaus Verlag außerdem erschienen:
Lauras Stern (auch in der zweisprachigen Ausgabe deutsch-türkisch) · Em Laura siin Steern (schweizerdeutsche Ausgabe) · Dem Laura säi Stär (luxemburgische Ausgabe)
Lauras Weihnachtsstern
Lauras Sternenreise
Tommy ist (k)ein Angsthase
Nils und der Nikolaus
Tobi. Ein allerliebstes Ungeheuer · Tobi. Ungeheuerlich · Tobi. Ertappt
Tobi. Ungeheuer stark · Tobi. Überrascht · Tobi. Wirklich wahr
Wo ist Hugo?

Die Deutsche Bibliothek – CIP-Einheitsaufnahme
Baumgart, Klaus: Rosa will ein Schwein sein /
Klaus Baumgart. - [kompl. überarb. Aufl.]. -
Zürich - Frankfurt/Main - Bruck : Baumhaus Verl. 2000
ISBN 3-909481-67-1

ISBN 3-909481-67-1

Lithos: Photolitho, Gossau/Zürich
Printed in Italy by Grafiche AZ, Verona

Gesamtverzeichnis schickt gern: Baumhaus Verlag AG,
Vertrieb, Juliusstraße 12, D-60487 Frankfurt am Main
http://www.baumhaus-ag.de

5 4 3 2 1 00 01 02 03 2004

Rosa will ein Schwein sein

Klaus Baumgart

BAUMHAUS VERLAG

Rosa ist ein ganz normales Schwein.
Doch manchmal hat sie das Gefühl, dass sie anders ist als die anderen Schweine.

Denn wenn die anderen Schweinchen eine richtig schöne Schlammschlacht mit ihr machen wollen, schaukelt Rosa lieber gemütlich in der Sonne.

Während die anderen
Schweinchen träge im
Heu dösen, übt Rosa
viel lieber Balletttanzen.

Auch um die Wette quieken
macht Rosa keinen Spaß.
Da spielt sie lieber auf ihrer Geige.

Wenn die anderen Schweinchen
Kirschkernweitspucken üben, dann
sortiert Rosa lieber ihre Briefmarken.

Auch die Essgewohnheiten
sind sehr unterschiedlich.

„Komm, Rosa, mach mit!“, rufen die anderen Schweinchen, wenn sie wieder einmal übermütig im Schlammloch planschen. „Keine Lust“, antwortet Rosa. Denn mit ihrem frisch gewaschenen Kleid im Schlamm zu baden, traut sie sich nicht.

Und dann geht Rosa wieder alleine spielen.

In der Nacht vor ihrem Geburtstag kann Rosa nicht schlafen.
„Wie soll ich bloß an meinem Geburtstag zusammen mit den anderen spielen?“, überlegt sie. „Ich glaube, ich sollte mal etwas ausprobieren.“
Leise schlüpft Rosa aus ihrem warmen Kuschelbett.

Sie zittert ein bisschen vor Aufregung, als sie mitten in der Nacht zum Schlammloch geht.

Dort angekommen schaut sie noch einmal an ihrem sauberen Lieblingsschlafanzug hinunter und denkt: „Soll ich wirklich?“ Aber dann nimmt sie ihren ganzen Mut zusammen und springt…

Als Rosa im Schlamm liegt, findet sie es gar nicht so schlimm wie sie dachte und planscht bis zum nächsten Morgen.

Dann geht sie schmutzig,
aber glücklich nach Hause.

Sie traut
ihren Augen
nicht, als ihr
die anderen
Schweinchen
frisch gebadet
und in ihren
feinsten Sachen
gegenüberstehen.

Alle müssen laut lachen, und dann stürzen sie sich auf die Geburtstags-torte, wie es nur kleine Schweinchen können.

Von da an haben sie oft zusammen gespielt. Mal so, wie Rosa es gut findet, ein anderes Mal so, wie es die anderen Schweinchen mögen.

Nur das Geigespielen haben die anderen Schweinchen nie so richtig gelernt.